AF254062

Mars 1883

DE LA RÉVISION

PAR

Jean BRANTÈS

AVIGNON

H. CHASSING, ÉDITEUR

Place de l'Hôtel-de-Ville

—

1883

Mars 1883

DE LA RÉVISION

PAR

Jean BRANTÈS

AVIGNON
H. CHASSING, ÉDITEUR
Place de l'Hôtel-de-Ville
—
1883

DE LA RÉVISION

I. — Avant-Propos.

Tout le monde parle aujourd'hui de la Révision ; une ligue révisionniste s'est même formée.

Comment convient-il de réviser ? voilà qui embarrasserait fort bien des promoteurs ou adhé-rents de cette ligue. Tant qu'il ne s'agit que de détruire, tout le monde est d'accord, mais quand il faut reconstruire, c'est autre chose. Pourquoi ? c'est que derrière le mot, Révision, se cachent des appétits inavouables, des prétentions injustes et que trop de gens rêvent l'établissement de formes gouvernementales ou le triomphe d'idées qui, appliquées, aboutiraient, à bref délai, à une guerre civile épouvantable et à un massacre horrible de cette fraction de la population qui constitue la classe ouvrière et que des imprudents et peut-être des criminels veulent transformer en parti ouvrier (1), et tout cela pour finir par le despotisme.

Mais me dira-t-on : vous êtes donc ennemi de la Révision ? nullement, et plus que tout autre je désire la Révision, et la Révision à bref délai ; mais, avant de réviser, je crois que la logique la plus élémentaire veut que l'on sache bien ce qu'on veut faire.

Il ne faut pas se faire illusion ; le jour où on touchera à un seul article de la Constitution on touchera à tous ; il n'est besoin pour cela que de la lire attentivement. Le jour où la Révision sera commencée, la Constitution sera virtuellement abrogée, elle n'existera plus.

Il est donc important, avant de la détruire, de savoir d'ores et déjà par quoi on la remplacera.

II. — Le peuple sait-il exactement ce qu'il veut en demandant la Révision ?

Malgré les nombreuses adhésions à la ligue révisionniste, il est fort douteux que le plus grand nombre des adhérents se rende compte de ce qu'il demande.

La France souffre d'un malaise général ; à tort ou à raison ce malaise est mis au compte des perpétuelles crises gouvernementales dont l'origine première est due évidemment à la Constitution qui nous régit.

Partant de là, quelques gens sincères et aussi des intrigants sont venus dire au pays : « Il faut réviser la Constitution, source principale de ces crises et de ce malaise », jusque là rien de mieux et, après avoir par deux fois proposé la Révision, ils se sont adressés au public : de là la ligue révisionniste.

Mais ce qu'on a soigneusement omis et qu'il aurait fallu faire, c'était, après avoir démontré que la Constitution actuelle, faite en haine de la République, ne pouvait en assurer le maintien, de proposer à la nation une Constitution républicaine et non pas de lui dire : « démolissons d'abord et nous verrons ensuite ce qu'il convient d'édifier. »

La Constitution actuelle est-elle bien connue ? C'est douteux.

Je vais citer un fait :

Il y a huit ou dix mois je voulus me procurer le texte de la Constitution. J'étais alors dans une importante ville du Midi. Naturellement j'allai chez les libraires ; tous me répondirent que je n'avais qu'à consulter le *Journal officiel* de l'époque et, quand je leur proposai de me le procurer, ils objectèrent que c'était difficile, que jamais personne ne demandait ce texte, etc., bref ils refusèrent.

Il y a bien les codes et traités de jurisprudence auxquels sont généralement annexés ces documents, mais ces ouvrages coûtent cher, et quand on possède un code, même d'une édition ancienne, on s'en contente.

Même chose m'est arrivée il y a quelques jours dans une autre ville non moins importante.

Que conclure ? sinon, que cette Constitution dont tout le monde parle, que chacun veut réviser, dont le texte devrait être gravé sur nos monuments publics pour être lu et su de tous est très peu connue ; or, comment peut-on dire que ceux qui veulent réviser la Constitution sans la connaître savent bien ce qu'ils veulent.

III. — La Constitution du 25 février 1875 est une Constitution monarchique.

Il suffit, pour s'en convaincre, de comparer entre eux les pouvoirs qu'ont les députés et les sénateurs, et ceux qui sont conférés au Président de la République.

Tandis que les attributions des députés et sénateurs, qui font l'objet des articles 1 et 8, se réduisent à la confection des lois et *qu'aucune puissance réelle* ne leur est accordée pour en assurer l'exécution, nous voyons les attributions du Président de la République contenues et largement énumérées dans les articles 2, 4 et 6 ;

quant au Pouvoir qui lui est conféré, Pouvoir égal à celui d'un roi, il fait l'objet des articles 3, 5 et 7.

En vertu des articles 1 et 8 le Pouvoir législatif s'exerce par les deux Assemblées, Chambre des députés et Sénat, mais ce Pouvoir est tout platonique, puisqu'une loi votée n'est exécutoire qu'après sa promulgation par le Président de la République ; or, on aura beau ergoter, cela crée, *ipso facto*, à ce dernier, une situation supérieure.

Le Président de la République préside aux solennités nationales, les ambassadeurs et envoyés des puissances étrangères sont accrédités près de lui, en sorte que les représentants du peuple français ne le représentent pas devant l'étranger.

Il a le droit de dissoudre la Chambre des députés, ce qui nous fait assister à ce spectacle assez bizarre des représentants du maître, c'est-à-dire du peuple, mis à la porte par celui qu'ils ont choisi pour exécuter leurs ordres.

Il dispose de la force armée et nomme à tous les emplois civils et militaires ; il a le fer et l'or pour imposer sa volonté et, en face de tant de puissance, qu'ont donc les représentants du peuple ? je l'ai déjà dit : le droit d'attendre que le Président de la République veuille bien promulguer les lois qu'ils ont votées et celui de s'en aller quand il les chasse.

Il y a bien le vote du budget, mais croit-on que celui qui tenterait un coup d'Etat s'embarrasserait d'un pareil obstacle ? Voyez au Deux-Décembre. Et la Banque de France avec ses caves pleines d'or, pourquoi est-elle faire ?

Où est la puissance réelle, est-ce du côté des représentants du peuple ou bien du Président de la République ?

La puissance législative lui a même été conférée, car l'article 3 de notre Constitution dit : « Le Président de la République a l'initiative des lois. » Ainsi, le principe de la séparation des Pouvoirs n'a pas même été observé, car là, plus que partout ailleurs, il faut savoir lire entre les lignes.

Quant à la responsabilité dudit Président elle est illusoire : il n'est justiciable que dans le cas de haute trahison ; or, qui pourra le juger après un pareil crime, tous les juges ne seront-ils pas ou complices ou emprisonnés ?

La monarchie existe de fait et bientôt, si on n'y prend garde, elle existera de nom.

Le Pouvoir exécutif n'ayant pas été jugé assez puissant pour lutter contre le peuple on a pensé à lui donner un aide, on a créé le Sénat.

La Chambre des députés actuelle représentant le peuple, quoique le représentant mal, avait quelques droits à surveiller le Pouvoir exécutif ; le Sénat qui ne représente rien du tout fut créé pour entraver cette surveillance. Il ne pouvait en être autrement.

L'inutilité du Sénat eut été démontrée, dès les premiers jours, s'il eut approuvé tout ce que faisait la Chambre des députés. Pour obvier à cet inconvénient et faire croire à son utilité, le Sénat a pris pour devise : *J'entrave, donc je suis.*

L'entente, en vue du bien commun, entre la Chambre et un Président de République sincèrement républicain, se souvenant de ses anciennes convictions et les préférant aux émoluments de sa place eut été peut-être possible ; le Sénat dès le début choisit la triste mission de la rendre à tout jamais impossible.

Comment eut-il agi autrement ? C'était sa seule raison d'être.

Quant au prétexte spécieux de soumettre les lois votées par nos députés à l'examen d'esprits plus rassis, plus mûrs, il ne saurait soutenir une minute d'examen.

Je ne suis pas partisan du mandat impératif étroit qui me paraît procéder d'une fausse appréciation du caractère de député.

Un député n'est pas un factotum chargé des affaires intimes de chacun, c'est bon dans une monarchie. Dans une république j'estime que le député doit être un chef temporaire, choisi et respecté par tous ; mais cela n'empêche pas que sa ligne de conduite politique doit être déterminée par la volonté générale du peuple, volonté qu'il doit connaître et qu'il doit observer quand il fait acte de député.

Le député représente le peuple, il ne doit exprimer que la volonté du peuple, or, si le Sénat émet la même prétention, comment la Chambre et le Sénat peuvent-ils différer d'avis sur le même sujet ?

Quelle apparence y a-t-il que, pour une même besogne, les citoyens choisissent deux mandataires opposés l'un à l'autre : ne serait-ce pas le comble de la déraison ?

Non, le Sénat ne représente pas le peuple, il ne représente que lui-même, et ce n'est pas une raison suffisante pour le laisser subsister, il doit disparaître. Ou il pense, parle et agit comme la Chambre des députés et il est alors inutile, ou il lutte contre elle et alors il est dangereux.

La Constitution actuelle a été faite contre la République et par dépit de ne pouvoir rétablir la monarchie ; où est le républicanisme de ceux qui veulent la conserver ou ne la modifier que dans quelques détails ?

IV. — Il nous faut une Constitution républicaine.

La nécessité d'avoir une Constitution réellement républicaine s'impose plus que jamais.

Chaque jour de retard augmente le malaise général ; la France va s'affaiblissant de plus en plus, on se moque ouvertement de nous. (2)

Mais puisqu'il nous faut refaire une Constitution, il me semble que, dès à présent il conviendrait d'étudier les principes qui doivent servir de base à cette œuvre.

Méfions-nous de ceux qui nous engagent à nommer une sorte de Convention, ou bien à laisser au Congrès formé par la réunion des deux Chambres, le soin de constituer.

Il faut supprimer l'étude de l'histoire si nous sommes incapables de profiter des leçons qu'elle nous donne.

Elle nous apprend, en effet, que chaque fois que des hommes ont été chargés de gouverner et de constituer ou refaire en bloc les lois, le pouvoir qu'on leur a confié a dégénéré en tyrannie.

Les Décemvirs dans l'ancienne Rome, la Convention chez nous sont là pour prouver ce que j'avance.

L'exemple le plus concluant nous a été donné par la Convention.

Nommée pour gouverner le pays et le doter d'une Constitution, cette célèbre assemblée en arriva à se déchirer elle-même à propos de la Constitution.

Girondins, Dantonnistes, Robespierristes, Hébertistes portèrent successivement leurs têtes sur l'échafaud, sous prétexte d'avoir voulu introduire telles ou telles modifications à la future Constitution.

Tout cela aboutit au Directoire et cette forme de gouvernement, digne d'un peuple fou, nous conduisit au despotisme militaire, le pire de tous.

Quel changement dans les destinées de la France! si un esprit avisé eut tenu aux Conventionnels le langage suivant :

« Citoyens, vous avez été appelés à faire une Consti-
« tution, mais regardez autour de vous, elle est déjà
« faite.

« Le peuple est souverain, lui seul a le droit de faire
« les lois, de veiller à leur exécution, de décider de la
« paix ou de la guerre, en un mot, de se gouverner lui-
« même : mais l'exercice de ce droit, possible dans un
« pays de peu d'étendue, ne l'est pas en France; il est
« donc obligé de le déléguer.

« Or, vous êtes ses délégués ; c'est donc à vous qu'il
« appartient d'agir en son nom, sauf à faire approuver
« vos actes par la nation.

« Mais en sincères républicains vous ne voudriez
« pas vous éterniser au pouvoir; vous n'avez donc
« qu'à décider de quelle façon votre Assemblée sera
« renouvelée partiellement ou en entier. »

Un pareil langage, s'il eut été compris, eut assuré à jamais la grandeur de notre pays, et le 18 Brumaire se fut terminé par l'exécution de Bonaparte.

Mais les impressions de l'enfance sont durables; presque tous les Conventionnels avaient reçu une éducation monarchique, ce n'est que très tard et par le rai-

sonnement qu'ils sont arrivés à la conception de certaines vérités; leur éducation première a réagi sur leur œuvre.

Que les républicains ne l'oublient pas ; c'est dès l'enfance qu'on doit apprendre à être homme et citoyen.

Aujourd'hui nous en sommes, en matière de gouvernement, presque au point où se trouva la Convention quand elle se réunit.

La France, à défaut de Constitution écrite, avait alors les traditions monarchiques; nous avons, il est vrai, une Constitution, mais, en dépit de l'étiquette, les principes monarchiques y ont seuls trouvé place : il nous faut tout refaire.

Nous sommes arrivés à un moment solennel et d'où dépend l'avenir de la Liberté. Il s'agit de savoir si, rompant résolument avec les souvenirs du despotisme, nous voulons, par l'établissement d'un gouvernement véritablement républicain, clore cette série de luttes, d'irrésolutions et d'incertitudes engendrée par le manque de sens politique républicain de la Convention, et perpétué par les différents gouvernements qui lui ont succédé.

Le peuple français aspire à la liberté sans en connaître à fond les droits et surtout les devoirs; aussi, après avoir conquis la liberté, n'a-t-il su, pour la conserver, n'employer, jusqu'à ce jour, que les moyens les plus propres à la lui faire perdre.

Pas de milieu, ou la monarchie absolue après bien des luttes, des guerres civiles et étrangères, des révolutions, ou bien la République démocratique, c'est-à-dire les mandataires du peuple *gouvernant réellement le pays*, le pouvoir exécutif entièrement subordonné au pouvoir législatif, et l'invariabilité dans la ligne de conduite politique du pays assurée par le renouvellement partiel des députés.

Ces trois principes sont inséparables, ils doivent servir de base à la future Constitution ou..... elle ne sera pas républicaine.

V. — Les Représentants du peuple forment un mandataire collectif chargé de gouverner le pays. — Inutilité d'avoir plusieurs mandataires collectifs.

Chaque citoyen ne pouvant, dans un pays aussi grand que le nôtre, participer par lui-même à la gestion des affaires du pays, est obligé de choisir un fondé de pouvoir, lequel doit tenir compte de la volonté de son commettant ; mais chaque citoyen étant membre d'une association qui peut avoir des dangers à courir, doit aussi considérer ce fondé de pouvoir comme un chef, un guide qu'il s'est donné pour les circonstances critiques.

Les représentants du peuple forment, réunis, un représentant ou mandataire collectif et, en cette qualité, le gouvernement leur appartient et, par extension, ils forment ou doivent former ce qu'on appelle le gouvernement.

Quand une personne a choisi un fondé de pouvoir, elle se garde bien d'en désigner en même temps un second ayant des pouvoirs égaux à ceux du premier.

Agir ainsi serait une faute, et le moins qu'il pourrait arriver serait de voir les deux fondés de pouvoir se contre-carrer mutuellement.

Or, la Chambre des députés formant un premier

fondé de pouvoir chargé de faire les lois, c'est-à-dire de gouverner, le Sénat ne peut être assimilé qu'à un second mandataire.

Ce qui serait nuisible aux intérêts particuliers s'est produit à propos des intérêts généraux du pays ; le Sénat et la Chambre des députés n'ont pu s'entendre : c'était inévitable.

Je ne crois pas avoir besoin d'en dire davantage pour démontrer non seulement l'inutilité, mais encore le danger d'une seconde Chambre.

VI. — De la séparation des Pouvoirs. — Subordination du Pouvoir exécutif au Pouvoir législatif.

Le principe de la séparation du Pouvoir législatif d'avec le Pouvoir exécutif a été, dès l'origine de la Révolution, inscrit dans nos lois, mais il fut d'abord et est resté depuis méconnu.

En quoi consiste cette séparation ? c'est ce que je vais essayer d'expliquer.

Toute nation a des lois, sans quoi elle ne saurait subsister. *Ces lois doivent être faites par ceux qui gouvernent.*

La célèbre phrase : « Le Roi règne et ne gouverne pas, » ne peut être entendue que dans ce sens, sans quoi elle ne serait qu'une lourde sottise.

Pour mieux me faire comprendre, je dirai que le député qui fait la Loi ne peut être l'agent de police ni le chef de service chargé de la faire exécuter.

Ce principe de la séparation des Pouvoirs a été constamment méconnu en ce qui concerne le Pouvoir exécutif, et nous voyons notamment, art, 15 de la Charte de 1814, art. 14 de celle de 1830, art. 3 de la Constitution actuelle, nos Rois ou Présidents de République avoir l'initiative des lois, c'est-à-dire partager en réalité la puissance législative avec les représentants du peuple.

Pendant que l'exécutif empiétait ainsi sur le législatif, il ne faisait de son côté aucune concession.

Cette confusion dans les attributions législatives est, pour une bonne part, cause de tous les bouleversements, de toutes les crises que nous avons subis.

Mais la séparation des Pouvoirs n'implique nullement l'égalité entre eux, et forcément l'un d'eux doit être subordonné à l'autre.

Qu'est-qu'une loi ? une loi est un ordre donné, une défense faite par le législateur. Pour assurer l'exécution de cette loi un Pouvoir exécutif est institué.

Ces quelques mots indiquent nettement la place de chacun.

Celui qui donne un ordre est plus que celui qui l'exécute, il a le droit d'obliger celui-ci à l'obéissance.

Le Pouvoir législatif représentant le Peuple Souverain, source de tout pouvoir, de toute autorité, est au-dessus du Pouvoir exécutif ; il a le droit et le devoir de surveiller ce dernier, de le diriger et au besoin de le forcer à l'obéissance à la loi.

Le principe de la subordination de celui qui exécute un ordre à celui qui le donne est indiscutable.

Le Pouvoir législatif peut, en cas de désobéissance de ses agents, devenir Pouvoir exécutif ; mais la plus simple logique veut que le Pouvoir exécutif ne puisse se transformer en Pouvoir législatif ou commander à ce dernier : notre Constitution permet le contraire.

Le Président de la République, outre l'initiative des lois, peut légalement dissoudre la Chambre, et chasser comme de simples valets qui déplaisent, les représentants de la nation, c'est-à-dire ceux qui devraient être la plus haute expression de la puissance souveraine du peuple. L'assentiment du Sénat est, il est vrai, nécessaire, mais il ne lui fera jamais défaut.

Le peuple qui, de sa propre autorité, devrait avoir le droit, quand bon lui semble, de pourvoir au remplacement de ses représentants à l'expiration de leurs pouvoirs ou en cas de décès, démission, etc, est obligé d'attendre un décret du Président de la République, sans quoi toute élection est nulle. Voilà pour la légalité.

Quant à l'illégalité, le chef du Pouvoir exécutif a tous les moyens de la commettre et le Pouvoir législatif ne peut s'y opposer.

Le Président de la République dispose de l'armée et il nomme à tous les emplois civils et militaires ; ainsi que je l'ai déjà dit il a le fer et l'or.

Le Pouvoir exécutif est tout et le Pouvoir législatif n'est rien.

Tout cela est à peine tolérable avec un Président honnête homme, mais que n'avons-nous à craindre avec un ambitieux dépourvu de scrupules ?

Le Pouvoir exécutif, privé de toute attribution législative doit être subordonné au Pouvoir législatif. Cette subordination implique de fait le droit de surveillance, de direction et au besoin de répression du second sur le premier.

Il est utile que le Pouvoir exécutif ne soit pas trop divisé ; en conséquence, chaque branche importante des grands services publics : guerre, marine, finances, etc., doit avoir un chef directeur chargé d'en assurer la marche.

Ces différents chefs directeurs sont aux ordres du Pouvoir législatif.

Une Chambre souveraine ne pouvant, par elle-même, surveiller et diriger directement les grands services publics, devra déléguer quelques-uns de ses membres plus spécialement chargés de cette direction et surveillance.

La division du Pouvoir exécutif entre plusieurs ministères sera donc maintenue ; mais les ministres, étrangers à la Chambre, ne seront que de simples chefs de service, dépendant du Pouvoir législatif et dirigés par des commissions élues par ce dernier.

VII. — De l'invariabilité dans la ligne de conduite politique.

Tout peuple, sous peine de déchoir, doit avoir une ligne de conduite politique invariable et conforme à la justice.

Le moyen d'arriver à cette invariabilité dans la ligne de conduite politique, serait peut-être de conserver les mêmes hommes au pouvoir, mais, outre qu'ils sont mortels et trop souvent variables dans leur conduite, cela nous conduirait certainement à la tyrannie de plusieurs pour aboutir au despotisme d'un seul.

Mais, si les mêmes hommes ne peuvent, sans inconvénient, rester indéfiniment au pouvoir, il est un moyen bien simple d'y remédier tout en conservant l'invariabilité dans la ligne de conduite des affaires.

Ce moyen est le renouvellement partiel des députés du peuple.

La grandeur du peuple romain fut entièrement due au Sénat. Si les consuls, censeurs, édiles ou autres magistrats étaient réélus à des intervalles assez rapprochées, le Sénat était en quelque sorte inamovible.

Chez lui se conservaient les traditions politiques et, si la République et l'Empire périrent successivement ainsi que toutes les sociétés anciennes, la cause première et principale en fut à l'esclavage. Cette horrible institution ne pouvait qu'engendrer la pire des corruptions, celle qui, irresponsable et assise au foyer domestique, s'adresse à l'enfance.

Il n'entre pas dans le plan de cet opuscule de préciser quelle doit être la ligne de conduite politique de la France, je me bornerai à dire qu'en recherchant l'alliance des peuples et non de leurs souverains, nous suivrions une véritable ligne de conduite politique républicaine, et j'ajouterai qu'après chaque guerre heureuse nous ne devrions traiter qu'avec le peuple vaincu et non avec son monarque, que nous ne devrions plus reconnaître.

Pour revenir à mon sujet je dirai que l'interrègne, c'est-à-dire cet intervalle de temps qui s'écoule entre la fin d'un pouvoir et le commencement d'un autre doit être évité à tout prix ; si court qu'il soit, ne fut-il que d'une minute, il amène une interruption et trop souvent des changements dans les traditions politiques.

VIII. — La Constitution doit être faite par le peuple.

J'ai constaté que si beaucoup parlaient de révision, bien peu étaient d'acco s sur la manière de réviser.

Un journal annonçait dernièrement qu'il ouvrait ses colonnes à la discussion des matières à réviser, mais qu'il ne voulait pas de cours de politique républicaine.

Il me semble que dans la période de transition que nous traversons, un journal, comprenant la véritable politique républicaine, aurait autre chose que des faits divers et des articles écourtés à servir à ses lecteurs.

Un cours de politique républicaine, au moment où il est question de changer la Constitution, y trouverait naturellement sa place. (3)

Les représentants du peuple, quelle que soit la mission qui leur est confiée, doivent préalablement connaître la volonté du pays.

Cette volonté, surtout quand il s'agit de constituer, doit être connue d'une façon détaillée. Il faut donc que le peuple étudie les réformes qu'il désire, qu'il sache les formuler et les indiquer à ceux qui auront mission de rédiger la Constitution.

En agissant ainsi il prouvera qu'il est digne de cette liberté qu'il réclame.

IX. — La Constitution doit être faite par une Commission élue *ad hoc*, inviolable, mais n'ayant d'autre pouvoir que celui de la promulguer après approbation par la nation.

Je viens d'exposer les principes généraux qui doivent trouver place dans une Constitution républicaine.

M'appuyant sur les exemples laissés par la Convention, je ne crois pas bon de confier à ceux qui seront chargés de rédiger notre nouvelle Constitution le soin de nous gouverner en même temps.

La Chambre des députés et le Sénat, réunis en Congrès ou Assemblée nationale, sont les derniers à qui on devrait confier cette besogne. Quelles que soient les prescriptions de la Constitution actuelle, elles sont sans valeur devant la volonté du peuple.

Que la France continue a être gouvernée comme elle l'est pendant cinq ou six mois encore, que, dès aujourd'hui, le débat soit ouvert dans le public. Une Convention sera alors élue avec mission unique de faire la Constitution et, en moins d'un mois elle devra pouvoir en arrêter le texte et le proposer à l'acceptation du peuple.

Je crois m'être expliqué assez clairement pour que chacun comprenne, sans trop de commentaires, la portée des articles du projet de Constitution ci-après.

X. — PROJET DE CONSTITUTION

Forme du Gouvernement.

ARTICLE PREMIER. — La République est la forme du gouvernement de la France.

Du pouvoir Législatif.

ART. 2. — Le pouvoir législatif, la surveillance et la direction du pouvoir exécutif sont exercés par une Chambre de députés souveraine, élue par le suffrage universel et renouvelable par quart,

Art. 3. — La Chambre souveraine a seule l'initiative des lois, collectivement ou individuellement. elle promulgue celles qu'elle a votées et veille à leur exécution par l'entremise de commissions élues dans son sein.

Elle dispose de la force armée.

Elle nomme aux grands commandements militaires dès le temps de paix.

Elle décide de la guerre (4), nomme le général chargé de la faire et lui donne à cet effet les pouvoirs nécessaires.

Elle fait avec les puissances étrangères les traités de toute nature, sauf les traités mettant fin aux hostilités que le général, qui a eu la direction de la guerre, prépare, que la Chambre souveraine examine et que le peuple ratifie.

Les ambassadeurs et envoyés des puissances étrangères sont accrédités auprès d'elle.

Art. 4. — La Chambre souveraine élit son Président à la majorité absolue des voix.

Art. 5. — Le Président de la Chambre souveraine est élu pour un an.

Il a le droit de faire grâce, mais les amnisties ne sont accordées qu'en vertu d'une loi.

Il nomme à toutes les fonctions civiles ou militaires qui ne sont pas données à l'élection, réservées à la nomination de la Chambre souveraine ou des assemblées départementales ou communales.

Il préside aux solennités nationales.

Du Pouvoir exécutif.

ART. 6. — Le pouvoir exécutif est réparti entre les Ministres ci-après indiqués, choisis par la Chambre et responsables vis-à vis d'elle, de leurs actes individuels.

Ces Ministres sont :

1º Le Ministre de la Guerre ;

2º Le Ministre de la Marine et des territoires français extra-Européens, l'Algérie exceptée ;

3º Le Ministre de l'Extérieur ou Affaires étrangères ;

4º Le Ministre de l'Intérieur ;

5º Le Ministre de la Justice ;

6º Le Ministre des Travaux publics ;

7º Le Ministre de l'Agricultnre, du Commerce, de l'Industrie et des voies ferrées ;

8º Le Ministre des Postes et Télégraphes ;

9º Le Ministre des Finances ;

10º Le Ministre des Beaux-Arts.

Chaque Ministre est placé sous la direction d'une Commission prise dans le sein de la Chambre et élue par cette dernière.

ART. 7. — Chaque Commission est composée de 5 membres élus pour un an. Aussitôt constituée elle élit son Président pour toute la durée de son mandat.

Elle dirige les affaires de son département en se conformant aux lois.

Elle a sous ses ordres le ministre, chef de service.

Elle établit, de concert avec lui, les mémoires de proposition pour les nominations aux fonctions civiles et militaires qui sont dans les attributions du Président de la Chambre.

Elle étudie les mesures à prendre, telles que propositions de loi, règlements ou décrets, etc., qu'elle croit nécessaires, et les propose à la Chambre souveraine qui reste seule juge de leur adoption ou rejet.

Art. 8. — Les Présidents des différentes Commissions forment une Commission supérieure chargée de présenter et préparer les projets de budget.

Cette Commission élit son Président pour toute la durée de son mandat.

Le Président de la Commission supérieure est dénommé : Chef du Pouvoir exécutif.

Art. 9. — Le Chef du Pouvoir exécutif préside la Commission supérieure et le Conseil des Ministres.

Il pourvoit d'emplois les fonctionnaires civils ou militaires nommés par le Président de la Chambre souveraine.

Dispositions générales

Art. 10. — Les délibérations relatives à la révision de la Constitution, seront prises à la majorité absolue des membres composant la Chambre souveraine.

Art. 11. — Les lois sont promulguées, la justice est rendue et l'autorité exercée au nom du peuple français.

Art. 12. — Le siège de la Chambre et du pouvoir exécutif est à Paris.

PROJET DE LOI

Portant organisation de la Chambre Souveraine

Article premier. — La Chambre souveraine est composée de 400 membres ou députés.

Art. 2. — Nul ne peut être élu député s'il n'est français, majeur et s'il ne jouit de ses droits civils et politiques.

Art. 3. — Les députés sont élus par département ou division coloniale au scrutin de liste (5), à la majorité absolue au premier tour de scrutin et à la majorité relative en cas de ballottage.

Art. 4. — Les départements de...... éliront chacun...... députés, etc.

Art. 5. — Les députés sont élus pour 4 ans et renouvelables par quart le...... de chaque année.

Au début de la première session les départements seront divisés en 4 séries contenant chacune un nombre égal de députés. Il sera procédé, par la voie du tirage au sort, à la désignation des séries qui devront être renouvelées à l'expiration de la 1re, de la 2me ou de la 3me année.

Art. 6. — L'élection de la série à renouveler se fera de droit, sans convocation ni décret, le premier dimanche qui suivra une période complète de 30 jours à partir du jour de l'expiration des pouvoirs de ladite série.

Art. 7. — En cas de décès, démission etc., arrivant plus de quatre mois avant la fin du mandat de député, l'élection pour le remplacement du député décédé, démissionnaire, etc., se fera de droit, sans convocation ni décret, le premier dimanche qui suivra l'expiration d'une période complète de 60 jours à partir du décès, de la démission, etc.

Exception est faite pour les scrutins du deuxième tour qui auront toujours lieu de droit le deuxième dimanche qui suivra l'élection en suspens.

Le mandat du député élu dans les conditions des deux premiers paragraphes ci-dessus expire le jour où se serait terminé celui du député remplacé.

Les députés décédés, démissionnaires, etc. moins de quatre mois avant l'expiration de leur mandat sont remplacés dans les conditions de l'art. 6.

Art. 8. — La Chambre souveraine est seule juge de la validité de l'élection de ses membres.

Art. 9. — Les députés sont inviolables ; sauf le cas de flagrant délit, ils ne peuvent être arrêtés ou mis en jugement qu'en vertu d'une autorisation de la Chambre.

Néanmoins la prescription est suspendue pour eux en ce qui concerne les crimes ou délits pour lesquels la Chambre aurait refusé l'autorisation de poursuivre.

Tel est, en peu de mots, le système de gouvernement que je crois le plus propre à faire respecter la volonté du peuple et à lui garantir le droit de se gouverner **lui-même.**

Il ne saurait y avoir doute, la révision de la Constitution nous conduit droit à sa suppression ; mais avant de supprimer une chose indispensable il faut que la nation sache et fasse connaître par quoi elle veut la remplacer, si non elle n'est pas mûre pour la liberté.

Une forme de gouvernement ne s'explique pas par un mot, et gouvernement républicain ne veut rien dire si on ne nous dit pas en quoi il consiste.

FIN.

APPENDICE

Qu'il me soit permis de protester ici contre l'exclusion de l'armée, ou pour parler logiquement, du soldat de la vie politique du pays.

La guerre est un acte politique au premier chef ; une bonne conduite politique de la guerre peut seule donner tous les profits qu'on est en droit d'en attendre. Une connaissance exacte des mœurs, des habitudes et surtout des institutions politiques du pays dont on commande les armées vous donne seule le moyen de savoir ce que vous êtes en droit d'attendre d'elles ; de même il est utile de bien connaître, sous ce rapport, l'ennemi qu'on a devant soi, or, cela constitue des études politiques au premier dégré, et, les études politiques sont interdites dans l'armée.

Tout général doit être un bon politique sous peine de n'être qu'un médiocre général ; par contre il serait à désirer que nos hommes politiques fussent au moins des généraux médiocres.

C'est en forgeant qu'on devient forgeron et on n'apprend bien une chose que si on a un intérêt immédiat à l'apprendre.

Nous tournons dans un cercle vicieux. On éloigne l'armée de la vie publique sous le prétexte spécieux du maintien de la discipline ; mais en réalité, parce qu'on se méfie de son amour pour la République, et cet éloignement joint aux procédés en usage, qui laissent le soldat à la discrétion de chefs hostiles à la République fait que l'armée se désaffectionne de la liberté.

Eloigner, sous prétexte de discipline, les officiers de la vie politique et des fonctions qu'elle confère, les vouer exclusivement au perfectionnement des à-droite et des à-gauche, c'est préparer à coup sûr l'affaiblissement de la France et coopérer à l'établissement du despotisme militaire.

Rome fit peu de guerres n'ayant pas donné tous les résultats qu'elle en attendait ; elle dut cela à ses généraux qui n'étaient pas exclusivement des chefs de troupe, qui, ayant participé plus ou moins activement aux pourparlers et discussions préliminaires, et sachant ce que la patrie attendait d'eux, agissaient en conséquence.

J'ai donné ailleurs la principale cause de la décadence de cette ville.

Les connaissances militaires ne doivent être qu'un accessoire de ce qu'il importe de savoir pour gagner sa vie : il faut pouvoir défendre ce qu'on a gagné.

Plus la place occupée dans le pays est élevée, plus les connaissances militaires doivent être étendues.

Si MM. les Avocats et autres beaux parleurs, qui prétendent nous gouverner, veulent conserver le droit qu'ils se sont arrogé, ils doivent être aptes à le défendre. C'est l'histoire de tous les temps.

Prétendre avoir une armée dont les membres soient exclus de la vie politique du pays et conséquemment des fonctions qu'elle confère, c'est tout simplement la transformer à bref délai en armée mercenaire, fût-elle toujours composée de citoyens : or, l'histoire nous apprend ce qu'on a à redouter des mercenaires.

Constitution du 25 Février 1875

ARTICLE PREMIER. — Le pouvoir législatif s'exerce par deux Assemblées : la Chambre des députés et le Sénat.

La Chambre des députés est nommée par le suffrage universel, dans les conditions déterminées par la loi électorale.

La composition, le mode de nomination et les attributions du Sénat seront réglées par une loi spéciale.

ART. 2. — Le Président de la République est élu à la majorité absolue des suffrages par le Sénat et par la Chambre des députés réunis en Assemblée nationale.

Il est nommé pour sept ans. Il est rééligible.

ART. 3. — Le Président de la République a l'initiative des lois, concuremment avec les membres des deux Chambres. Il promulgue les lois lorsqu'elles ont été votées par les deux Chambres ; il en surveille et assure l'exécution.

Il a le droit de faire grâce ; les amnisties ne peuvent être accordées que par une loi.

Il dispose de la force armée.

Il nomme à tous les emplois civils ou militaires.

Il préside aux solennités nationales ; les envoyés et ambassadeurs des puissances étrangères sont accrédités près de lui.

Chacun des actes du Président de la République doit être contresigné par un ministre.

ART. 4. — Au fur et à mesure des vacances qui se produiront, à partir de la promulgation de la présente, loi, le Président de la République nomme en Conseil des ministres, les conseillers d'Etat en service ordinaire.

Les conseillers d'Etat ainsi nommés, ne pourront être révoqués que par décret rendu en Conseil des ministres.

ART. 5. — Le Président de la République peut, sur l'avis conforme du Sénat, dissoudre la Chambre des députés avant l'expiration légale de son mandat.

En ce cas, les collèges électoraux sont convoqués pour de nouvelles élections, dans un délai de trois mois.

ART. 6. — Les ministres sont solidairement responsables devant la Chambre de la politique générale du Gouvernement, et individuellement de leurs actes personnels.

Le Président de la République n'est responsable que dans le cas de haute trahison.

ART. 7. — En cas de vacance par décès ou pour toute autre cause, les deux Chambres réunies procèdent immédiatement à l'élection d'un nouveau président.

Dans l'intervalle, le Conseil des ministres est investi du Pouvoir exécutif.

ART. 8. — Les Chambres auront le droit, par délibérations séparées, prises dans chacune, à la majorité absolue des voix, soit spontanément, soit sur la demande du Président de la République, de déclarer qu'il y a lieu de réviser les lois constitutionnelles.

Après que chacune des deux Chambres aura pris cette résolution, elles se réuniront en Assemblée nationale pour procéder à cette révision..

Les délibérations portant révision des lois constitutionnelles, en tout ou en partie, devront être prises à la majorité absolue des membres composant l'Assemblée nationale.

ART. 9. — Le Siège du Pouvoir exécutif et des deux Chambres est à Versailles. (Cet article est abrogé.)

NOTES

(1) Tout parti politique, si extraordinaires que puissent être ses théories en matière de gouvernement, peut exister, mais il faut qu'il soit formé de gens de conditions diverses.

Quel esprit sensé pourra admettre un instant l'existence d'un parti ouvrier, c'est-à-dire d'un parti n'admettant dans son sein que des gens pauvres travaillant pour les autres ?

Qui ne voit que ce parti, s'il pouvait exister, seulement une heure, se détruirait lui-même, et si par hasard il devenait un instant le maître, ne serait-il pas immédiatement en guerre avec ceux qu'il aurait dépouillés ?

Ceux qui attaquent la propriété et qui disent, par exemple, que l'homme n'ayant pas fait la terre ne saurait la posséder et autres insanités, ne sont que des fainéants, des piliers de cabarets ou ce qui est pis encore, des misérables qui exploitent la misère et l'ignorance de l'ouvrier pour en bien dîner et faire fortune. Qu'ils aillent raconter cela à nos paysans qui, eux aussi, sont des ouvriers et qui ont fait la terre, quoi qu'on en dise.

Les crises ouvrières proviennent de l'excès de la production sur la consommation. Tous les peuples civilisés se mettent à fabriquer et les marchés d'écoulement se ferment les uns après les autres.

Il y a aussi le libre échange dont la théorie a été mal comprise et surtout mal appliquée. Il ne suffit pas pour établir le libre échange entre deux pays de diminuer de part et d'autre les droits de douane, il faut aussi se rendre compte des impôts qui, dans chacun d'eux, frappent les marchandises, matières premières, etc. Il est incontestable que le pays où les impôts sont les plus élevés ne peut que perdre si, en admettant le libre échange avec un autre, il ne se réserve pas des compensations.

Pour remédier à ces crises, trop souvent on emprunte pour donner du travail à l'ouvrier ; mais le remède est pire que le mal.

Il est en effet impossible que l'ouvrier dans la gêne profite seul de ce travail. Cela attire dans les villes d'autres ouvriers et même des gens qui ne le sont guère, je ne parle pas des parasites, et le travail terminé, la situation est plus mauvaise encore.

Le seul remède à ces crises ouvrières, et, en attendant qu'on ait trouvé un moyen pour équilibrer la production avec la consommation, serait de rechercher de nouveaux marchés d'écoulement.

Il nous faut trouver un pays riche des productions du sol, n'ayant que peu ou point d'industrie et ne pouvant en avoir de longtemps.

Un de ces pays me semble tout trouvé : c'est le Soudan et l'intérieur de l'Afrique.

M. de Freycinet a eu peut-être tort de ne pas se borner à proposer la construction du chemin de fer d'Alger à Tombouctou. En englobant ce projet, qui suffirait pour l'illustrer, dans un ensemble de travaux publics dont le coût énorme, 5 milliards, a effrayé bien des gens, il a nui au Transaharien.

En 4 ou 5 ans, au plus si on voulait, on pourrait aller en quelques jours de Paris à Tombouctou, mais ce qui serait pour la France une source de richesses incalculables, a été accueilli par l'indifférence publique.

Une mission a été, il est vrai, envoyée, on sait le désastre qui s'en est suivi. Quand donc sortirons-nous des vieilles ornières ?

Pour construire le Transaharien il faut aller résolument de l'avant, s'emparer au fur et à mesure du pays et construire la ligne en même temps. S'il faut des ingénieurs il faut surtout des soldats. S'il le faut absolument, exterminons les barbares qui voudraient s'y opposer. Nous n'avons que trop de griefs légitimes contre eux.

Notre droit en Afrique est le droit de défense de l'honnête homme contre des voleurs et des assassins. Si nous n'étions pas chez eux ils viendraient pirater chez nous.

(2) L'incident soulevé par l'arrestation très-légale et très-juste du déserteur Villegoureix et qui s'est terminé par la mise en liberté de ce dernier, et cela sur les injonctions de la Belgique, est typique. Ou la vérité n'a pas été dite sur cette arrestation ou

le gouvernement a fait preuve d'une faiblesse incroyable. A l'heure où j'écris des belges veulent, dit-on, faire une ovation à ce lâche citoyen ; ils auront raison, si tant est qu'on doive se féliciter d'une victoire injuste remportée sur l'étranger ; car c'est une injuste mais véritable victoire remportée sur nous par le gouvernement belge.

(3) La presse est une puissance, c'est incontestable, mais est-ce par excès de bien ou par excès de mal ? voilà qui est sujet à discussion. Que peut mériter celui qui, sans s'inquiéter des conséquences et quitte à dire le lendemain qu'il s'est trompé la veille, publie sciemment une fausse nouvelle ou ne contrôle pas ce qu'on lui raconte ? le mépris, sinon autre chose. Combien d'autres reproches pourrait-on faire à la presse.

(4) Il serait à désirer que le droit de décider la guerre fut conservé par le peuple ; mais je me demande si, avec la rapidité de la mobilisation et les facilités de transport des troupes on aurait le temps de le consulter.

Mais il ne doit jamais se dessaisir du droit de ratifier les traités de paix mettant fin à la guerre.

(5) Une grande décentralisation, laissant en particulier à la disposition des communes ou des départements les nominations aux fonctions ou emplois qui ne s'exercent que dans la commune ou le département, en mettant fin aux sollicitations fâcheuses et trop souvent contraires à l'équité dont nos députés sont assaillis, les laisserait ainsi beaucoup plus libres de vaquer aux affaires du pays. Dans ces conditions, le scrutin de liste offrirait l'avantage de débarrasser les députés de ces mesquines questions de clocher que notre peu d'habitude de la vie politique nous porte sans cesse à mêler aux affaires de la politique générale.

Le pays devant être gouverné par les représentants du peuple, on ne saurait admettre qu'il en fût autrement pour les subdivisions du pays : communes et départements.

En conséquence, les départements et communes seraient administrés par des assemblées départementales ou communales, ayant des attributions analogues, quoique plus restreintes, à celles de la Chambre souveraine.

Les départements resteraient tels qu'ils sont, mais les communes seraient remaniées de façon à ce qu'elles eussent chacune au moins quatre mille habitants.

Trois délégués et plus nommés par le Président de la Chambre seraient placés auprès de chaque assemblée départementale et auprès de certaines assemblées communales avec mission de veiller à l'observation des lois.

Les travaux n'intéressant que la commune seraient autant que possible, laissés à la charge de cette dernière ; on agirait de même pour les travaux n'intéressant que le département. Enfin, communes et départements pourraient s'associer à d'autres communes ou départements pour les travaux intéressant plusieurs d'entre eux. L'Etat n'interviendrait qu'à défaut d'entente ou bien pour sauvegarder la sécurité du pays et veiller à l'observation des lois.

Les préfets, sous-préfets et maires seraient supprimés.

Avignon. — Impr. adm. et comm. Amédée Gros, rue Saint-Dominique, 18.